Círculo Rojo

No me quedo embarazada,

¿y ahora qué?

# No me quedo embarazada, ¿y ahora qué?

Manual de autoconocimiento para hacer frente
—sin frustración— a un embarazo que no llega

Cristina Bayés Espinet

Círculo Rojo
EDITORIAL

Primera edición: abril 2024

Depósito legal: AL 266-2024

ISBN: 978-84-1061-596-0

Impresión y producción: Editorial Círculo Rojo

© Del texto: Cristina Bayés Espinet
© Ilustraciones: Anna Ferran Iglesias
© Maquetación y diseño: Equipo de Editorial Círculo Rojo

Editorial Círculo Rojo

www.editorialcirculorojo.com

info@editorialcirculorojo.com

Impreso en España - Printed in Spain

*A Víctor, por haber compartido
conmigo este proceso.
Gracias por haber estado allí*

D ebo añadir el siguiente comentario, ya que, a lo largo del libro, hablo como mujer, y creo que muchas, al otro lado, sois lectoras; pero otros seréis lectores. Para estos últimos, no puedo ponerme en vuestra piel, aunque deseo que esta lectura os sea igual de útil.

Asimismo, también quiero dar a conocer que dirijo este mensaje a todo tipo de parejas y formas de vivir la maternidad. Aunque yo hablo desde la perspectiva de una pareja heterosexual, espero que satisfaga el conflicto interno que cualquier persona pueda estar viviendo acerca de la maternidad, sin importar la orientación sexual o el tipo de pareja que forme.

Por eso, generalmente, a lo largo del libro hablaré usando el femenino y la perspectiva heterosexual; sin embargo, todos sois bienvenidos si puedo ayudaros.

# ÍNDICE

MENSAJE 1: LOS OBSTÁCULOS —ESTE U OTROS— .............................. 13

MENSAJE 2: DEDICATORIA .............................. 15

NOTA DE LA AUTORA: ES MOMENTO DE ACEPTAR
LA NO MATERNIDAD .............................. 17

*PARTE I*
RECONOCIENDO LA NO MATERNIDAD .............................. 19
   1. DESMONTANDO UN TABÚ .............................. 21
   2. LLEGAN LOS HIJOS DE TUS AMIGAS, HASTA QUE
   TE TOCA A TI .............................. 25
   3. DESENFADARTE DE TI MISMA .............................. 29
   4. BUSCA SER UNA MADRE CONSCIENTE .............................. 35
   5. UN HIJO ES UN REGALO DEL UNIVERSO .............................. 39

*PARTE II*
NO ESTAMOS SOLAS .............................. 45
   6. TUS EMOCIONES NO SON TUYAS .............................. 47
   7. TU PAREJA TAMBIÉN ESTÁ AQUÍ .............................. 53
   8. EL DOLOR Y EL DUELO DE CADA UNA .............................. 57
   9. EL CAMINO SOLO ES UNO Y EL EMBARAZO NO ES EL DESTINO ....... 63
   10. SOLUCIONES PARA UN ERROR DEL S. XXI .............................. 69
   11. AGRADECIMIENTO PARA EL FUTURO .............................. 73

12. UN VIAJE HOLÍSTICO ................................................................. 77

*PARTE III*
CRECIENDO HACIA LA LUZ ....................................................... 79
   13. RECONOCE DÓNDE ESTÁ TU BLOQUEO:  UN MENSAJE
   POR DESCUBRIR ..................................................................... 81
   14. ¿QUÉ TIPO DE MADRE —O PADRE— NECESITAN TUS HIJOS? ..... 85
   15. ADIÓS, VICTIMISMO .......................................................... 89
   16. LO QUE LA NO MATERNIDAD ME ENSEÑÓ ........................ 91
   17. COMPLETAMENTE VACÍA ................................................. 97

BIBLIOGRAFÍA RECOMENDADA .............................................. 101

AGRADECIMIENTOS .................................................................. 103

# MENSAJE 1:
## LOS OBSTÁCULOS —ESTE U OTROS—

Para mí, superar obstáculos se ha convertido en una forma de aprendizaje y autoconocimiento.

Podemos entender los obstáculos de la vida como una fuente de crecimiento personal si entendemos los mensajes que estos nos aportan.

Con este libro, quiero transmitir lo que he aprendido durante mi proceso de no maternidad no elegida y compartirlo con vosotras.

Pienso que, si os encontráis en la misma situación que yo, podréis sentiros acompañadas y quizás, a partir de este obstáculo, podréis descubrir una nueva parte de vosotras mismas. Por eso creo que esta larga espera para ser madre podría convertirse en un regalo y en una etapa para descubrirse como mujer y como pareja.

Este libro ha sido escrito desde los sentimientos de aceptación, plenitud y amor que experimenté después de tres años buscando mi primer embarazo, queriendo estrenarme como madre sin conseguirlo. Por eso deseo que, con estas páginas, te veas acompañada durante tu proceso y te puedas sentir igual: aceptando sin frustración tanto lo que llega como lo que no llega, o cualesquiera que sean los pasos que te toque seguir a partir de ahora. Todo es un regalo, incluidos los obstáculos.

Con mucho amor,

# MENSAJE 2:
## DEDICATORIA

*Todo esto –este proceso y este libro– no va de ti ni de mí, va de la vida de tu hijo o hija, que crecerá y tendrá su propia vida y libertad.*

*Por eso, todo esto no va de ti, sino de otra persona.*

*Así que quiero dedicar este libro a todas esas personitas que llegan y nacen en este mundo, ya que así lo deciden. Lo hacen porque quieren reencarnar –o les toca– y así poder seguir evolucionando como almas eternas.*

*Y, en especial, va dedicado a todas las que son valientes para decidir cuál es su lugar y su momento más oportuno para llegar. Ya que saben, mejor que nosotras mismas y nuestros deseos mentales, que no siempre es un buen momento; y que no lo es, en absoluto, cuando simplemente nosotras –o nuestro ego– lo queremos.*

*Este libro, sobre todo, va dedicado a vosotros, hijos míos, que no habéis llegado, pero que, aun así, con esta experiencia, me estáis ayudando a ser mejor persona, mejor mujer y mejor futura madre. Sé que llegaréis cuando os toque.*

*Si hubieseis llegado cuando yo quería, no habría sido igual, no habría aprendido lo que he aprendido a lo largo de este camino y no habría podido trans-*

mitir este mensaje a otras mujeres para ayudarlas en el proceso de no frustración de la no maternidad no elegida[1].

Con el corazón en la mano, dedico este libro a mis padres por haberme dado la vida; a mis sobrinas y sobrino, por enseñarme tanto cada día; y a Jordi, Gemma, Mireia y Robert, por haberles dado la vida a ellos, y a mí, la oportunidad de ser tía.

Finalmente, dedico estas páginas a todas las mujeres y madres de mi sistema familiar. Sin ellas, no habría llegado a este punto y nada de esto sería posible. Gracias por haber estado presentes antes que yo.

---

[1] Es posible que, a partir de ahora, utilice los conceptos «no maternidad» o «no maternidad no elegida» indiferentemente, queriendo aportar el mismo significado en esta ocasión.

# NOTA DE LA AUTORA: ES MOMENTO DE ACEPTAR LA NO MATERNIDAD

Nadie ha dicho que fuera fácil de aceptar, pero créeme que, si lo haces, te sentirás mejor: más saludable y consciente. Quizás, entonces, sí podrás ser madre.

He sentido el deseo de escribir estas páginas aceptando mi etapa de no maternidad o, simplemente, aceptando una maternidad que tarda más de lo que pensaba en llegar.

Este libro está basado en mi experiencia personal. Lo que escribo se sustenta en mi propia vivencia, mi forma de pensar, mis creencias y limitaciones, y después de más de tres años de buscar el embarazo.

Está escrito con el único objetivo de ayudar a otras personas en esta situación, pero para nada del mundo es una verdad absoluta, sino que tú misma, lectora —o lector—, te llevarás del libro lo que más resuene contigo. Y lo experimentarás a tu modo.

A lo largo de estas páginas, quiero proponerte un viaje holístico con tal de que puedas entender la situación que estás viviendo desde una nueva perspectiva. Aunque yo te aporte mi opinión en ciertos temas, estoy segura de que este viaje lo acabarás viviendo y adaptando según tu propio sistema de creencias.

Con mi experiencia, he tenido la oportunidad de recibir grandes aprendizajes de profesionales de la astrología, espiritualidad, psicología, crecimiento personal y meditación. En notas a pie de página o en la bibliografía final, encontraréis las referencias utilizadas y recomendadas.

Y recuerda en todo momento: un hijo llega cuando lo decide.

Empezamos.

PARTE I

# Reconociendo La No Maternidad

# 1. DESMONTANDO UN TABÚ

Todo el mundo habla de la maternidad, pero nadie habla de la no maternidad.

Cuando hablo de no maternidad, me refiero a aquella que no eliges, sino que te toca. Ella te elige a ti y no estaba en tus planes. No la habías invitado a formar parte de tu vida.

De hecho, tus planes, de repente —o, más bien, poco a poco y progresivamente— se ven modificados. Y no entiendes el motivo: ¿por qué a ti? Parecía que esto tenía que ser fácil: lo decides y, aun con el miedo, llega. Tu vida continua tal y como estaba funcionando. Un paso más.

*Por cierto, ¿tu vida estaba funcionando como tendría que funcionar?*

Pero no, la no maternidad te sorprende llamando a tu puerta y te das cuenta de que no estabas preparada para eso. Nadie nos prepara para eso.

Quizás no estabas preparada para la maternidad, pero tampoco lo estabas para la no maternidad no elegida.

Y te toca actuar para no caer en el pozo, que igual vas a caer en él, pero tendrás que levantarte para continuar con *tu vida*, ahora sí, una vida distinta a la que tenías planeada y con mucho trabajo interno por delante.

Lo primero que hice yo cuando me sentí preparada fue desmontar el tabú. No quería esconderme, quería compartirlo con las personas más allegadas, y es de los pasos más bonitos y gratificantes que he dado.

Aunque, en realidad, de forma sana y consciente, no lo compartí hasta al año y medio de esta aventura, justo antes de empezar a escribir este libro. Supongo que esa fue la apertura del camino que me llevó a compartir mi no maternidad contigo.

Así que cada una sabrá cuándo es su momento y cuáles son los pasos que desea dar.

Primero tienes un trabajo interno muy importante y profundo que realizar, antes de exteriorizarlo. Reconocer la situación dentro de ti —y, más o menos, aceptarla— para poder compartirla más tarde con los demás. De este trabajo interno va este libro. Capítulo a capítulo, es como lo iré desgranando. No hay unos pasos establecidos como correctos, sino, más bien, muchas cosas a entender, llevar a la consciencia y trabajar de forma individual.

Acabo de decir individual, pero no deberíamos descartar el pensamiento colectivo: lo que dice la sociedad actual, lo que «se espera de nosotras»; que, si tienes treinta años o más, empiecen a preguntarte cuándo vas a ser madre…

Y es que, hoy en día, parece que todo tuviera que salir perfecto, tal y como estaba «planeado». Las redes sociales nos muestran vidas fantásticas de personas cercanas o parecidas a nosotras y, si no tenemos lo mismo que ellas, nos frustramos fácilmente.

Además, lo que se espera de nosotras, muchas veces, nos aleja de lo que esperamos de nosotras mismas, de lo que somos y de lo que en realidad buscamos o de aquello que hemos venido a hacer en esta vida.

Voy a recuperar la pregunta que he dejado caer más atrás: ¿tu vida está funcionando como tendría que funcionar?

Puede que hayas pasado por esta pregunta sin plantearlo si quiera o bien la has dado por respondida con un simple «¡sí, claro!».

No sé si es tan simple decir que la vida que tenemos funciona y es «perfecta», justo la que habíamos soñado y la que nos hace felices.

A veces, llegas a tener la vida que habías imaginado, pero, un día, te haces consciente de que no eres tan feliz como esperabas serlo. Sientes una especie de vacío, aun habiendo logrado aquello que deseabas.

*Pero ¿lo que deseabas era, de verdad, un deseo tuyo?, ¿o solo lo que creías que deseabas?*

Para mí, la no maternidad me ha llevado a una crisis vital y me ha dado la gran oportunidad de analizar diferentes áreas de mi vida, ver si estaban funcionando como yo quería, o no, y ocuparme de ellas. Había cosas que había logrado en la vida que no me aportaban la felicidad que buscaba, me dejaban vacía por dentro, y, de esta forma, he podido mejorarlas.

Pero, antes de mejorar, debemos conocernos y entender cuál es la vida que sí queremos tener.

Este libro ha sido escrito desde la esperanza de que tanto tú como yo, un día, podamos disfrutar de la maternidad, pero antes quiero compartirte muchas reflexiones que han hecho que pudiera entenderme mejor a mí misma, pudiera aceptar mi vida y la no maternidad que me ha tocado vivir.

Poder desanclar de nuestras mentes este tabú es parte del cambio, es la suerte que nos ha tocado para dirigirnos a una vida mejor tanto para nosotras como para nuestros hijos e hijas.

¿Estás preparada para ayudarnos a desmontar un tabú que nos hace daño y nos somete a lo que piensan, creen y dicen los demás?

Empoderarnos desde donde estamos y saber el motivo por el que estamos en este punto es el secreto para salir adelante.

*Este libro es una mezcla de aprendizajes y reflexiones que he hecho a lo largo del camino y engloba desde aspectos filosóficos y espirituales hasta todo lo que he aprendido con el trabajo de meditación y cambio de mentalidad.*

*Espero que sea para ti, como para mí, un antes y un después y que, cuando termines este libro, te sientas en paz e ilusionada.*

# 2. LLEGAN LOS HIJOS DE TUS AMIGAS, HASTA QUE TE TOCA A TI

O bien podríamos decir: «Cuando crees que estás preparada para ser madre, pero no es así».

Este capítulo va dirigido, sobre todo, a futuras mamás que, por decirlo de algún modo, han pospuesto la maternidad para *más adelante*, han decidido buscarla a partir de los treinta o treinta y cinco —como es mi caso—, y, quizás, han vivido algunas maternidades cercanas.

Seguramente —contrastado con conocidas y familiares que han pasado por ello—, si estás viviendo esta situación antes de los treinta, te sentirás identificada en algunas partes, aunque las veas desde una perspectiva distinta. Al final, la edad biológica de la mujer es un factor limitante en este aspecto y te hace ver las cosas distintas a medida que pasa el tiempo.

Primero es todo muy bonito, intrigante y esperanzador. Los hijos de tus amigas llegan en un momento idóneo y, de esta manera, empiezas a tener contacto con bebés, pero a ti te queda lejos.

Y, si tu caso es como el mío, mis sobrinas y sobrinos han sido magia y amor puro. Nunca antes había experimentado un amor similar, que es distinto al que sienten los padres: es el amor de los tíos y tías.

Pero llega un día en el que, tristemente, las noticias de los embarazos y nacimientos se te hacen amargas, no puedes digerirlas igual. Encima, te sientes mal por ello: te sientes mala persona. Tú no eres una mala persona, ¿por qué tienes estos sentimientos?

Más adelante profundizaremos en este aspecto.

Hay momentos, entonces, en los que el dolor es fuerte, muy fuerte. Lo tienes dentro, quizás no lo has expresado y va haciéndose cada vez más grande. Se mezclan ideas y pensamientos que te llevan a ti sola a un agujero negro del que no sabes cómo salir. La única manera de salir de allí es con amor, aceptación y comprensión.

*Amor a ti, a tu futuro hijo y a las personas de tu entorno.*

*Aceptación de tu proceso, el de tu hijo y el proceso de los demás.*

*Y comprensión de que todo es perfecto tal y como es.*

Estas tres máximas son la base de la vida y el amor hacia ella.

El momento en el que comprendes que tú, como persona, tienes que dar otros pasos antes de ser madre es maravilloso. Sucede la magia.

Si empiezas a dar esos pasos, hay un momento en el que tú misma te dices: «Ahora no es el momento, todavía no estoy preparada para ser la madre consciente que quiero ser». Y sabes que todavía no es tu momento.

La clave está en encontrar el equilibrio, ya que la edad, como decía, es un punto de inflexión para decidir si, finalmente, te sientes preparada para ser madre o quieres enfocarte a ser una mujer que expresa su poder creador femenino de otra forma.

La mujer, por esencia de su energía femenina, tiene un poder creativo innato. Así que también te puedes sentir realizada en la no maternidad, sin traer nueva vida en este mundo o sin tener hijos propios, y no por eso tienes que ser juzgada o juzgarte.

Y, llegadas a este punto, me parece bonito recordar una frase de Jennifer Aniston —actriz de la mítica serie *Friends*—, cuando dijo: «Tanto tiempo trabajando duramente para que se diga de ti que eres una pobre mujer sin hijos».

La mujer tiene derecho a sentirse realizada con hijos o sin ellos. Hijos que ha decidido no tener o hijos que no ha podido tener, quién sabe.

Lo más importante es que una viva la vida que ha decidido, o la que ha aceptado —que ya es mucho—, y que pueda liberar su poder creador hacia otras posibilidades: un proyecto personal, profesional o un servicio para la comunidad; haciendo de madre de los hijos de su pareja; siendo madre adoptiva o de acogida o, incluso, como maestra o profesora… Hay muchas formas distintas de maternar.

No tenemos por qué vivir la maternidad biológica únicamente. Todo dependerá de lo que necesites experimentar y aprender en esta vida. La creación que se deriva del poder femenino que tenemos todas las mujeres no solo se expresa a través de un hijo.

A veces, estas opciones de vida que parecen decisiones no son más que aceptaciones de lo que no ha llegado, con más o menos dolor. Y, cuando se presentan estas encrucijadas en el camino, como a muchas de las que estamos aquí, con este libro entre las manos, la vida nos da la opción de decidir: sí, pero, antes que nada, de aceptar.

Volviendo al título de este capítulo, pasas por una etapa en la que tener hijos es cosa de los demás: amigos, amigas, hermanos, primas… Pero, un día, te toca a ti y te dices: «Quiero ser madre».

Y, por decisión mutua, junto con tu pareja, os ponéis a «buscar» un hijo. Casi sin darte cuenta, pasa el tiempo y ves que no llega y que, quizás, en tu caso —y lejos de lo que esperabas—, no es ni será tan fácil.

¿Y ahora qué?

# 3. DESENFADARTE DE TI MISMA

No sé si ya has pasado por este punto, si es justo donde te encuentras ahora o si llegarás a él pronto. Pero, si te escuchas internamente, estoy convencida de que, en algún momento, pasarás por esta etapa. Con más o menos consciencia, pero la vas a vivir muy probablemente.

Este es un paso importante en el camino de la no maternidad no elegida.

Es probable que sientas, en algún momento y después de vivir sensaciones como las comentadas en el capítulo anterior, cierta culpa o rabia. Incluso, como ya hemos tratado, empiezas a sentir cierto rechazo al recibir noticias de embarazos de otras mujeres.

Puede que te sientas enfadada con el mundo, con tu hermano o con una amiga, con tus padres o tu pareja.

Observa bien esta situación: ¿qué reacciones tienes cuando recibes una noticia así?, ¿o cuando te llega la regla de nuevo?

Puede pasarte en el momento o bien horas o días más tarde. No dejes pasar la reacción emocional que se escapa de este momento. A veces, nos hacemos las valientes e intentamos escondernos de esas reacciones o huir de ellas, pero, tarde o temprano, de alguna forma, van a aparecer.

¿Con quién estás enfadada realmente?

Es probable que, finalmente, detectes que es contigo misma con quien te estás molestando.

Por eso, una vez detectados la culpa, la decepción o el enfado, es imprescindible liberarte de estos sentimientos.

Ya hemos comentado que, en cuestión de sentimientos, profundizaremos en otros capítulos con los que podrás encontrar una explicación que –tal y como me pasó a mí en este y en otros aspectos de mi vida– modifique tu perspectiva de algunas cosas. Pero, por ahora, es muy importante que, de manera consciente, detectes la culpa, la rabia o la decepción, y averigües a qué se deben concretamente.

*¿Te sientes culpable por no ser capaz de traer un hijo al mundo?*

*¿A quién estás decepcionando con esta situación? ¿A algún familiar o amistad?*

*¿A ti misma por no poder «cumplir» con lo que habías planeado?*

*¿O a la sociedad por haberte hecho creer que te tocaba cumplir con la maternidad?*

*Créeme cuando te digo que esta última, la sociedad, tiene más peso en ti y en tus creencias de lo que imaginas.*

*¿Con quién estás enfadada en realidad? ¿Con el mundo?*

Tu ego no eres tú y, en caso de que este se vea metido en algún argumento social, puede hacerte creer alguna cosa que no es del todo «real».

¿Quién te ha hecho creer que ahora tenías que ser madre y que, si «tardas un poco más de lo habitual», ya no es «normal»? ¿Te sientes señalada de alguna forma?

Esta creencia colectiva os ataca directamente a ti y a tus sentimientos más internos y, muchas veces, no eres consciente de ello.

Estamos hablando de un pensamiento inculcado por una sociedad que, en este aspecto, todavía no ha evolucionado al ritmo de otras cosas. Somos muy modernos en algunos temas, pero sigue habiendo, en muchas ocasiones, una mirada crítica a la mujer, sobre la que parece fácil que todo el mundo pueda opinar.

Son, probablemente, los últimos coletazos de un sistema anticuado basado en el patriarcado; y, sin darnos cuenta, hoy muchos siguen perpetuando estas miradas curiosas a la mujer a partir de los treinta y cinco años, a las madres, a la mujer que decide no ser madre, a cómo quiere llevar la maternidad o el parto, la lactancia natural o el biberón y a todos los ciclos y etapas de vida de la mujer. Parece que continuamente tengamos que justificarnos por nuestras formas de hacer o decisiones tomadas.

En estos temas, la sociedad mantiene ideas muy arraigadas de épocas pasadas, de hace decenas y centenares de años. Y ahora te toca a ti lidiar con unas consecuencias que te desubican y no comprendes bien.

Por eso, piensa bien qué culpa, rabia o decepción sientes. Analízalas.

Y, lo más importante de todo, lo que espero que este libro te ayude a conseguir: *perdónate*.

*Si te has sentido culpable por no recibir de la mejor manera las noticias de otros embarazos: perdónate.*

*Si te has sentido culpable por no poder quedarte embarazada: perdónate.*

*Si te has sentido culpable por llorar y no agradecer todo lo que te rodea: perdónate.*

*No pasa nada, todo ello es parte del proceso de autoconocimiento. Ahora, perdónate.*

Eliminar de ti misma estas sensaciones
y desenfadarte es un paso esencial para
seguir el camino de sanación hacia
una maternidad consciente.

# 4. BUSCA SER UNA MADRE CONSCIENTE

¿Cuál es el motivo por el que quieres ser madre? ¿Te lo has preguntado alguna vez?

¿O, simplemente, lo planteas porque «toca» y, así, sigues perteneciendo a una parte de la sociedad con la que te sientes identificada?

En el anterior capítulo, he añadido el concepto de «madre consciente», un concepto que, de forma directa o indirecta, trataré durante todo el libro; y es que ese es, de alguna forma, el objetivo principal del libro: tanto si vas a convertirte en madre como si no, hazlo de forma consciente.

Piensa que ahora, con el «retraso de tu maternidad planeada», puedes hacerlo: el Universo[2] te está dando la oportunidad de ser una madre más sana.

*Los hijos no llegan para sanarnos a nosotras, ya no.*

*Llegan para vivir su vida y su aprendizaje de forma libre.*

*Durante el proceso de la maternidad, puede que aprendas más tú de ellos que ellos de ti.*

---

[2] Hablaré a lo largo del libro de Universo, ya que es mi manera de entenderlo, pero puedes utilizar otros conceptos, religiosos o laicos, que se adapten mejor a tu forma de pensar y sentir: Dios, Fuente, Cosmos, Tierra, Vida…

*Date la oportunidad de traer al mundo a una perso-
nita que viene a vivir su vida, no quieras retenerla o for-
mularla a tu manera y deseo.*

*Él o ella escoge cuándo y cómo llegar para seguir
con la evolución de su alma; o, más bien, el alma escoge cuándo, el entorno y con qué forma o persona-
lidad reencarnar para seguir con su propósito y evolución.*

*Si somos conscientes de este proceso y decidimos
vivir una maternidad emocionalmente sana, daremos la
oportunidad a nuestros hijos de conectar más rápido
con ellos mismos y su misión de vida; dejando paso a
una nueva humanidad más sana.*

*La nueva tierra nos lo pide, necesita de nuestra ayu-
da para evolucionar.*

No hablaremos de mejor o peor madre ni de
buenas o malas madres –o padres–, no quiero ex-
presarme desde esta *polaridad*; no me gusta ni es
mi objetivo.

Cada cual lo hace tan bien como puede y como su
sistema de creencias y su trabajo interno se lo permiten. Por eso te invito a hacer, durante todo este proceso, el trabajo para ser una madre consciente.

Yo te diría: modifica la perspectiva, dale la vuelta a
la no maternidad –y no te hablo por hablar ni para decirte «Tranquila, todo irá bien»; recuerda que he pasado por lo mismo–. Trata de encontrar el aprendizaje, el
mensaje que esta etapa de tu vida tiene para ti, el autodescubrimiento que hay detrás de todo esto. Busca
el talento o una nueva oportunidad en este momento
de tu vida.

*¿Qué hay detrás de todo esto?*

*¿Qué te aporta toda esta experiencia que estás viviendo?*

*Ahora es momento de entrar más y más dentro de ti.*

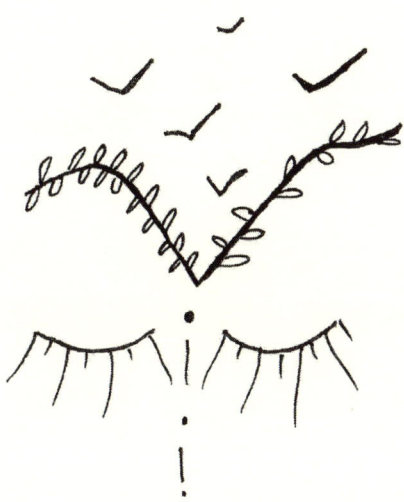

Estamos empezando la era del ser, una era que nos acerca a todos a la nueva forma de vivir la humanidad, y esta pide una sociedad con personas más conscientes y despiertas. Tú, con tu aprendizaje y autodescubrimiento, eres parte del cambio que necesita la humanidad. Y, probablemente, nuestros hijos también lo sean. Es por este motivo que es tan importante que ellos y ellas elijan su proceso con mucho más detalle que generaciones anteriores.

Cada etapa de la vida de la humanidad tiene un motivo y una misión.

Las generaciones que nacen actualmente están destinadas y dispuestas a favorecer y acelerar este cambio. Por eso, tu futuro hijo o hija es especial: tiene un rol esencial en todo esto.

*Tus hijos no vienen para cubrir tus vacíos.*
*Recuerda que todo esto no va de ti, sino de él o ella.*

Llegará cuando, gracias a tu acompañamiento, se pueda situar en el nivel de consciencia que él o ella necesita, cuando puedas aportarle los valores que requiere para cumplir con su misión. No le des prisa, no le precipites o nada saldrá como tiene que salir.

En mi caso, he querido traducir el obstáculo en un objetivo: sanar la herida. Y, por ahora, con talento o no, me veo inspirada para escribir estas líneas que pueden ayudarte a ti, que tienes el libro en tus manos, a encontrar un camino o una pequeña posibilidad.

*Entonces, ¿desde dónde estás tomando la decisión de ser madre?*

*Cuántos miedos, necesidades emocionales, objetivos de encajar, promesas internas, compromisos o sombras que no reconoces, no expresas y no compartes pueden estar modulando esta decisión que estás tomando.*

Observa tu interior. Fija la atención en ese punto e investiga. No te engañes a ti misma.

A lo largo de este libro, busco compartirte formas y palabras que, precisamente, te puedan ayudar a descubrir desde dónde estás decidiendo la maternidad.

# 5. UN HIJO ES UN REGALO DEL UNIVERSO

Un hijo llega cuando tiene que llegar. Cuesta aceptar esto en muchas ocasiones. Así que intentaré explicarme mejor para que puedas entender qué quiero expresar con el título de este apartado.

Lo primero que quiero decirte es que te creas esta afirmación, pero no te la creas desde la mente para no polarizarte al otro extremo. En este capítulo, nos toca salir de los conceptos aprendidos y hablar de reencarnaciones, vidas pasadas y contratos cósmicos. Espero que estés preparada.

En mi opinión personal, es maravilloso pensar que un alma, una *personita* o una *pompita*³ quiere reencarnar a través de ti; quiere nacer gracias a tu cuerpo y tus posibilidades fértiles. Esa *personita*, si quieres verlo así, llega a esta vida terrenal a continuar con su aprendizaje vital, a perseguir su propósito y a conectar con su esencia: viene a reencontrar la chispa de su vida.

Mis creencias me permiten pensar que un hijo, antes de nacer, te escoge a ti para que seas su madre —o padre— en esta vida.

---

³ «Pompita» es la palabra con la que se identifica al alma que tiene que reencarnar en la película de Pixar que te recomiendo ver: Soul.

Algunas filosofías ancestrales, pensadores o doctrinas como el budismo, incluso, creen que es posible que exista el libre albedrío para decidir dónde queremos reencarnar. De acuerdo con las experiencias vividas en otras vidas y los recuerdos que, en ese momento, como almas viajando por la eternidad, tenemos presentes, escogemos quién queremos ser y dónde nacer para seguir con nuestra evolución.

Según he aprendido de maestros y leído en algunos de los libros que te recomiendo en la bibliografía, puede ser que haya distintas posibilidades: en ocasiones, nosotros mismos podemos elegir las relaciones interpersonales o algunas de las almas con las que queremos o necesitamos reencarnar; aunque también es posible que, durante el proceso de preparación hacia la nueva encarnación, seamos guiados a elegir gracias a la ayuda de seres de luz que nos acompañan y aconsejan lo mejor para nosotros.

Y es entonces cuando creamos acuerdos con otras almas —contratos anímicos— para vivir nuevas experiencias que nos permitirán seguir con nuestro camino y aprendizaje de vida.

*Sé que aquí hay mucho para entender y por lo que reflexionar: todas las relaciones interpersonales y vínculos que tenemos parten de allí. No es casualidad, sino causalidad, que tus padres sean tus padres en esta vida, de la misma manera que hay motivos para las relaciones que existen entre hermanos, primos, amigos, compañeros de trabajo o parejas... Podríamos decir que estas personas se cruzan en tu vida con el objetivo de que recibas las lecciones necesarias para tu evolución.*

*También tienen esta función personas que casi no conoces o que aparecen y desaparecen rápidamente de tu vida: a veces son almas gemelas que llegan solo para transmitirte un mensaje concreto.*

*Así pues, habrá almas con las que vamos a seguir un largo camino y otras que solo estarán de paso, justo para realizar un intercambio en ese momento, y volverán a desaparecer.*

Pero volvamos a la temática que nos ocupa ahora.

Tú y tu pareja, en vuestra unión como almas encarnadas, daréis un nuevo cuerpo al hijo que os ha elegido previamente a nacer. De aquí se crea —o continúa— un lazo infinito e imposible de romper.

Así que se convierte en un verdadero honor poder recibir este regalo a través de tu cuerpo.

El ambiente en el que nace una persona, sin duda, tiene todo lo necesario para su evolución y crecimiento. Tiene todo lo que esa persona desea o requiere para vivir —tanto lo «bueno» como lo «malo»—.

Es por eso que no es necesario, incluso podría ser infructuoso, entrar en pensamientos como «¿Seré una buena madre?», ya que eres la madre elegida por tu hijo o hija y esto te convierte en la mejor madre para él o ella.

Aunque los padres sean adoptivos, existe un proceso de selección similar: finalmente, esa persona necesita pasar por dicho proceso hasta llegar a los brazos de sus padres adoptivos.

*Por lo tanto, el trabajo de unos padres es el de guiar y acompañar a esa alma para conseguir el objetivo y la misión que ha venido a cumplir en esta nueva vida.*

Como sabéis, desde la mente, toda historia tiene un pero, una polaridad. Por lo tanto, si te crees desde el ego lo de que un hijo es un regalo del Universo, puedes encontrarte en el otro extremo de esta teoría y en el sentimiento de no merecimiento que quizás muchas aquí, como yo, conoceréis. Sin duda, un sentimiento que puede tener mucha relación con las sensaciones que hemos comentado en capítulos anteriores: culparte, decepcionarte o enfadarte contigo misma.

Más de una vez, sin darme cuenta, he utilizado esta creencia para decirme inconscientemente a mí misma que yo o mi vida no tenían nada que entregar a un ser que quiere reencarnar, que no merecía ese regalo, que nadie me escogía a mí para ser su madre, su guía en esta vida.

Y sentir esto es muy doloroso. Por eso quiero explicarme. En todo este tiempo, he experimentado aprendizajes muy bonitos, aunque peligrosos a la vez, si tratamos de entenderlos desde la perspectiva de nuestra mente «terrenal».

Es por eso que te recomiendo que, para entender este camino, puedas modificar tu perspectiva y mirarlo desde fuera de la mente-ego.

Disponemos de un entendimiento más amplio, de mayor consciencia, que no estamos habituados a utilizar —o no conocemos—. Esa visión nos permite mirar por encima de las polaridades mentales y de las creencias limitantes, y es ahora el momento de mirar la vida desde allí.

El no merecimiento, como tantas otras cosas en la vida, es un bucle. Es el agujero negro del que te hablaba antes, del que es tan difícil salir.

*¿Qué haces ahora con este sentimiento y pensamiento?*

Pues, si no sabes gestionarlo y entenderlo, te destroza y, por encima de todo, quiero que entiendas que este bucle también destroza toda posibilidad de ser madre. Es entonces cuando debemos encontrar otro camino y este es el que vengo a contarte y profundizar en los próximos capítulos.

Para dejar un avance, te diré que tengas en cuenta que el sistema de creencias que mueve nuestra vida y los pensamientos de nuestra mente están íntimamente ligados unos con otros.

Eso que piensas, la calidad de tus pensamientos, está totalmente unida a las creencias que tienes y, entonces, si piensas que no eres merecedora de traer un hijo al mundo, te lo vas a creer. No solo tú, sino que se lo van a creer las células de tu cuerpo: las de tu mente —no te confundas con ella, no eres tu mente, y de ello hablaremos más adelante—, las de tu útero y hasta tus óvulos.

Es por eso que te recomiendo que uses la idea de que un hijo es un regalo de la vida para desearlo, tarde lo que tarde en llegar, pero no te dejes llevar por pensamientos negativos o creencias limitantes.

# PARTE II

# No Estamos Solas

# 6. TUS EMOCIONES NO SON TUYAS

A mí me costó bastante entender esto, pero lo hice, sobre todo, gracias al gran trabajo de Guiomar Ramírez-Montesinos, una astroasesora que recomiendo que sigas[4].

Cuando pensamos en nosotras mismas —cuando piensas en ti, en tu yo—, podemos tener una mezcla de muchas sensaciones.

*¿Quién soy yo? ¿Mi mente? ¿Mi cuerpo? ¿Mi ego? ¿Mis sentimientos?*

Yo diría que nada de esto y todo en su conjunto.

Pero, para lo que quiero explicar a partir de aquí, me gustaría que nos enfocáramos en lo profundo, allí donde reside tu verdadero ser. Es por eso que quiero hablarte de la esencia que tú eres: tu no yo.

Somos energía, un alma y un espíritu. Algo que existe, aunque parece vacío e intangible, y que pocos reconocen de sí mismos.

Tu mente, igual que los órganos y el resto de tu cuerpo, son «externos» a ti. Esas partes del cuerpo nos permiten vivir la vida terrenal y humana tal y como la conocemos: pensar, respirar, movernos, comer... Tu

---

[4] De la que te recomiendo su libro Vuelve a ti y la dinámica del cambio (edición del autor, 2020).

mente, es cierto, tiene una consciencia, pero no puedes reconocerte únicamente en ella, ya que obviarías gran parte de lo que eres. ¡Obviarías la parte mágica de ti misma!

La mente es —y debe ser— un instrumento útil para nosotros, para reflexionar y poder llevar a cabo aquello que pensamos, lo que queremos materializar o ejecutar, pero no podemos dejarnos dominar por ella.

Usa tu mente para pensar y decidir, no dejes que ella te utilice a ti, ya que te llevará solo por el camino que ella —o, más bien, tu ego— crea. Mente y ego están continuamente guiados por todas las circunstancias que nos rodean y con las que has crecido —grupos sociales, patrones, creencias, etc.—. Ellos no piensan en tu corazón ni en tu esencia. El ego se basa en sus propios miedos y necesidades irreales de querer sentirse acompañado, perteneciente y reconocido por los demás.

Es por eso que, si tu mente no eres tú, tus pensamientos —al ser fruto de la mente— no son tuyos. Y las emociones tampoco son tuyas. Me explico.

Los pensamientos reiterados o frecuentes generan creencias que te acompañan a lo largo de los años. Cuanto más arraigadas son estas creencias, más te modulan haciéndote creer que aquello que aprendiste una vez es la verdad.

Estas creencias o pensamientos reiterados acaban surgiendo en forma de emociones y estados de ánimo o comportamientos[5].

---

[5] Me parece esencial, para entender este punto, la lectura del libro Las casualidades no existen, de Borja Vilaseca (Penguin Random House Grupo Editorial, 2021).

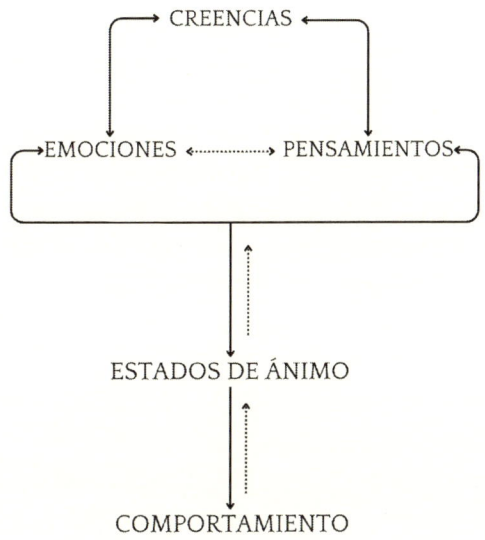

CREENCIAS

EMOCIONES ⟷ PENSAMIENTOS

ESTADOS DE ÁNIMO

COMPORTAMIENTO

*Ilustración creada por la autora*

Así pues, una emoción viene dada por repetirse varias veces un pensamiento o creencia que, más arriba, hemos dicho que no es tuyo. Entonces, consecuentemente, las emociones tampoco son tuyas; pero vienen a decirte algo, y eso es lo que hay que aprender a entender e integrar.

Además, si quisiéramos, podríamos profundizar un poco más: las emociones pueden llegar del sistema de creencias que tenemos inculcado, el cual no hemos elegido, sino que viene de nuestro linaje familiar y de nuestros ancestros –en gran parte–; también puede venir de la sociedad en la que vivimos, nuestro entorno más cercano, el pensamiento colectivo o de vidas pasadas que hemos experimentado y, quizás, no sanado del todo.

Visto así, nos damos cuenta de que las emociones pueden ser muy lejanas a nosotras mismas, pero están allí, dominando la situación hasta que aprendemos a controlarlas nosotras a ellas. El siguiente paso, una vez reconocidas estas emociones, será modificarlas gracias a nuevas creencias y pensamientos con los que nos sintamos identificadas.

Vamos a ver cómo se explica todo esto.

Nuestro sistema familiar ha vivido bajo unos comportamientos concretos y, con estos, se han generado unas creencias que han pasado de generación en generación, dentro de una especie de herencia emocional. Estas emociones pasan de célula a célula, como un ADN cósmico. A veces, tú no eres consciente de algunas de ellas —de otras, sí—, pero siempre, haciendo ruido o de forma silenciosa, están dentro de ti.

Es por ello que tus pensamientos actuales y tu forma de actuar, como un círculo vicioso, están condicionados por emociones heredadas y estas, a su vez, generan dentro de ti nuevas creencias, emociones y pensamientos condicionados.

Al fin y al cabo, tu forma de vivir, pensar y sentir no es tuya al cien por cien, sino que está sujeta al pasado de tu sistema familiar. Hasta que no despiertes emocional y conscientemente, no tendrás la oportunidad de crear nuevos pensamientos y creencias que permitirán que los antiguos dejen de limitarte.

*Al despertar y hacerte consciente de la situación, empiezas a cuestionar ideas y pensamientos familiares o sociales con los que has crecido y en los que creías firmemente.*

*Llega un día en que hay algo que no encaja del todo para ti y empiezas a ver el mundo de una forma distinta.*

Si te dejas llevar por esos pensamientos condicionados y condicionantes, no estás viviendo la vida que quieres o que viniste a vivir, sino la que tu linaje te está marcando. Con eso no quiero decir que tu linaje te lleve por un mal camino, sino que este está sometido al mismo sistema de creencias polarizadas en el que vives tú: un sistema dominado por miedos, desamor, abandono, soledad, enfermedad, pobreza, muerte, duelos no sentidos… y muchas circunstancias no sanadas.

Esto crea patrones que vamos repitiendo y perpetuando en ese círculo de pensamiento-creencia-emoción; y estos patrones pueden llegar a ser tóxicos para ti y para el propio linaje. El poder de sanar la parte que te toca de tu linaje ancestral está en tus manos, nosotras podemos hacer eso con las circunstancias que nos ha tocado vivir[6].

Si, llegadas a este punto, entendemos que las emociones no son nuestras —nos las creamos, creemos o, incluso, pertenecen a nuestros antepasados—, ¿por qué deberíamos considerar como propias todas las emociones y montañas rusas que vivimos en el proceso de la maternidad, no maternidad o en el deseo de ser madres y padres?

Existirán esas emociones, sí, pero lo que no deberíamos hacer es identificarnos con ellas, sino reconocerlas, aceptarlas, ver qué mensaje nos aportan, agradecerlas y despedirlas, ya que «no son mías y no me pertenecen».

Puedes hacer un simple ritual, como el que te explico a continuación, cuando te invada una emoción que no sabes gestionar. Declara estas palabras a dicha emoción:

---

[6] Te recomiendo seguir la labor de la consteladora familiar Laura Casares —@kasakasares—.

*Emoción –define la emoción que estás sintiendo: miedo, angustia, culpa, ira...–, gracias por mostrarte hoy ante mí, me has servido a mí, a mi sistema o a la sociedad durante muchos años, pero ya no te necesito, no me perteneces.*

*Así que agradezco que quieras protegerme. Sé que no lo puedes hacer; simplemente, vienes a perpetuar la forma de actuar de mi sistema familiar y entorno.*

*Es por eso que te dejo ir, te libero de mí y yo me libero de ti. De esta manera, sano parte de mi linaje y me sano a mí.*

*Gracias.*

No es momento de entrar en temas que no tocan en este libro, pero imagina que puedes llevar este sentir a cualquier aspecto de tu vida. Y, seguramente, sería interesante que lo hicieras para descubrirte completa en esta etapa, para abrirte a recibir el mensaje que te está regalando la no maternidad que te ha tocado vivir.

Te recomiendo que trabajes esta parte de manera profunda para seguir con el viaje holístico propuesto.

# 7. TU PAREJA TAMBIÉN ESTÁ AQUÍ

¡Y, mira por dónde, no estamos solas en este camino de la no maternidad!

Según vamos haciéndonos conscientes de nuestro proceso, mes a mes, nos damos cuenta de que al lado no solo hay un hombre[7], sino una *persona*.

Entonces, a nuestro lado, hay una persona que tiene sus sentimientos, sus pensamientos —que, recordemos, no son suyos—, sus emociones —que tampoco son suyas—, sus creencias, limitaciones y su linaje familiar condicionado. Y él puede ser o no consciente de todo ello.

Cómo se integra la otra persona en tu proceso y cómo te integras tú en el suyo es una incógnita que cada cual y cada pareja tendrá que observar y trabajar.

Con el propósito de compartir un poco de responsabilidad: ¿quién dice que el aprendizaje del que estamos hablando solo lo tienes que hacer tú, lectora? Puede ser que el aprendizaje sea necesario por parte de tu pareja o, más bien, en vuestro conjunto.

---

[7] En caso, como el mío, de hablar de una pareja heterosexual que está en la búsqueda de un hijo de forma natural; aunque, como ya se ha comentado, deseamos que este libro pueda estar ayudando a muchas personas en las distintas formas que existen de amar y de buscar la maternidad.

Y con eso no quiero que cierres el libro, te des la vuelta y digas: «Esto es cosa tuya o tu culpa, así que aplícate y lee el libro; o ve al psicólogo para intentar solucionar tus problemas y aprender lo que tengas que aprender con tal de que podamos ser padres».

Todo lo contrario, donde estáis es cosa de dos y enfrentarlo juntos es la mejor forma de encaminaros a una ma-paternidad conjunta.

Entonces, ahora ya sois dos en el mismo camino de autoaprendizaje. Despertar de manera consciente y poder reconocer que el otro también vive su proceso a su ritmo, con sus miedos y emociones, es gran parte de todo esto. Ya que estáis, no lo evitéis, entrad de pleno en el proceso conjunto, os recomendaría yo.

Puede ser muy duro, pero, si os proponéis hacerlo de manera consciente, esto puede hacer más grande el proceso y creceréis juntos gracias a esa maternidad que no llega. No solo tú serás una madre más consciente, sino que él también será un padre consciente. Y esto es lo que quieres para tu hijo —o lo que tu hijo busca—: unos padres emocionalmente sanos.

Al fin y al cabo, es lo que requiere la sociedad del futuro. La nueva humanidad desea personas emocionalmente sanas.

El resultado siempre será mejor así.

Eres elegida para ser una persona más despierta y, quizás, para ayudar a la persona que está a tu lado a serlo también. Abraza con amor el rol que se te ha encomendado, no tires la toalla y decide hacer de ti, de tu relación y del mundo un lugar mejor.

Puede que, a lo largo de este proceso, descubras que la persona que está a tu lado no es la persona que debe ser padre o madre contigo o puede que todo esto os ayude a resolver algún tema o bloqueo que no reconocíais y, aplicando un trabajo de consciencia profundo, podáis transformaros en una pareja más sana y el amor consiga fluir mejor; vete a saber, hay muchas posibilidades.

Deja fluir, todo llegará en el momento en que tenga que llegar, no fuerces nada. Date permiso, a lo largo del camino, para ir descubriendo las decisiones que queráis tomar. Ni antes ni después, todo en su preciso instante. No planifiques más —hasta ahora, has visto que planificar no te ha servido de mucho— y permítete sentir, junto a la persona que está a tu lado, hacia dónde queréis ir juntos. Permitiros descubrir pacientemente cuál es el siguiente paso que queréis dar.

Como ves, este capítulo es, sobre todo, para hacernos más conscientes de que, a menos que busques ser madre soltera, no estamos solas. Este proceso no es cosa de uno, sino de dos. Y es muy importante recordarlo.

El otro nos hace de espejo de nuestras propias emociones y reacciones; y nosotras somos el espejo para la persona que nos acompaña. Podemos expandirnos y aprender más integrándonos como un todo, como un conjunto.

Aprovechando que he sacado este tema, sé que existe un gran número de mujeres que hoy en día están viviendo el proceso de intentar ser madres solteras.

Considero que, en estos casos, habría que añadirle otros temas por integrar: ¿por qué sola?

*¿Hay alguna herida de rechazo, desamor, abandono o injusticia que todavía no has podido sanar? ¿Qué escondes dentro de ti que no quieres dejar salir a la luz?*

*Valora esto en el proceso de decidir ser madre soltera: quizás puedas convertir la herida en un gran regalo.*

Pero este no es el tema que tratamos en este libro, así que no profundizaré más en él. Solo lo quería dejar como reflexión para las mujeres que están pasando por ello, un proceso nada fácil tampoco.

Y, vuelvo a decirlo: dale la vuelta a todo esto; sé que no es fácil, pero no te creas solamente aquello que dice tu mente.

# 8. EL DOLOR Y EL DUELO DE CADA UNA

El dolor y el duelo de un hijo que nunca llega y que estás deseando es muy difícil de explicar y compartir. Pienso que, muchas veces, desde fuera, no se ve ni tan solo como un duelo, pero lo es para la que está viviendo esta pérdida: la pérdida de una esperanza, de un deseo, de un amor más grande, de una experiencia, de un compartir, de un ser al que amas, pero al que no puedes abrazar.

Algún día, en los momentos que puedas y te sientas preparada, intenta sentir el dolor que está dentro de ti. Es duro, no es fácil, pero, poco a poco, es reparador poder reconocer qué te pasa por dentro y hacer el duelo que necesitas hacer.

Al inicio puede ser muy complicado. Te puedo decir que sostenerte a ti misma en estos momentos de debilidad y dolor es, precisamente, de una gran fortaleza y fuente de autoconocimiento y autoestima. Tienes que ser capaz de no victimizarte desde esa sensación de dolor, sino de superarlo o, más bien, de poder aceptarlo.

Aceptar la no maternidad te permitirá seguir adelante con ilusión y esperanza y, en última instancia, podrás descubrir el mensaje que la vida y el cuerpo te están transmitiendo. La felicidad está dentro de ti, no tienes que buscarla fuera; ni tan solo con la maternidad que tanto anhelas. Para ser madres conscientemente felices, tenemos que aprender a ser conscientes y felices en la no maternidad, como mujeres solas e individuales.

Recuerdo una conversación que mantuve con dos grandes amigas y maestras en medio de esta etapa de mi no maternidad. En un momento de ampliación de nuestra consciencia, nos dimos permiso para sentir nuestro propio dolor y fue magnífica la respuesta emocional que obtuvimos de nosotras mismas y como grupo. Fue como iluminarnos.

Cada una de ellas con su dolor, y yo con el mío, no nos creíamos merecedoras de sentirlos, ya que sabíamos que había personas que lo estaban pasando peor que nosotras. Y seguro que esto es así, pero ¿quiénes somos nosotras o nadie para juzgar y comparar, aunque se trate de un duelo o un dolor? ¿Por qué no puedo sentirme libre de vivir mi dolor y no compararlo con el de otros?

*Date permiso para sentir tu dolor.*

*Y, poco a poco, te darás cuenta de que aprendes a sostenerlo.*

Este dolor es mío y me doy permiso para sentirlo.
Este dolor es mío y me doy permiso para sentirlo.
Este dolor es mío y me doy permiso para sentirlo.
Este dolor es mío y me doy permiso para sentirlo.
Este dolor es mío y me doy permiso para sentirlo.
Este dolor es mío y me doy permiso para sentirlo.
Este dolor es mío y me doy permiso para sentirlo.
Este dolor es mío y me doy permiso para sentirlo.
Este dolor es mío y me doy permiso para sentirlo.
Este dolor es mío y me doy permiso para sentirlo.
Este dolor es mío y me doy permiso para sentirlo.
Este dolor es mío y me doy permiso para sentirlo.
Este dolor es mío y me doy permiso para sentirlo.
Este dolor es mío y me doy permiso para sentirlo.
Este dolor es mío y me doy permiso para sentirlo.
Este dolor es mío y me doy permiso para sentirlo.
Este dolor es mío y me doy permiso para sentirlo.
Este dolor es mío y me doy permiso para sentirlo.
Este dolor es mío y me doy permiso para sentirlo.
Este dolor es mío y me doy permiso para sentirlo.

A veces, siento que, como humanos en sociedad, caemos en la trampa de decir: «Esto que me ocurre a mí no es grave, lo del otro sí que es difícil y, por eso, yo no puedo expresar mi dolor, ya que sería una falta hacia la otra persona, no hay comparativa». A otras, en cambio, el ego nos lo hace ver al revés, en modo víctima: «Mi dolor es más fuerte que el dolor de otro».

Esto nos pasa cuando nos polarizamos, pero debemos entender que cada cual debe vivir sus propias experiencias y sentir su propio dolor para aprender y seguir creciendo.

Y, precisamente por esto, porque los dolores no tienen nada que ver, debemos aprender a separarlos y diferenciarlos. Pero, para eso, ante todo, hay que aprender a identificarlos, vivirlos y sentirlos. Si no reconoces tu dolor, tampoco puedes expresarlo.

En verdad, todo es grave para quien lo está viviendo. Todo son retos y aprendizajes y los vivimos e interpretamos como podemos, según nuestras necesidades emocionales, nuestras creencias y nuestro propósito vital. Entonces, ¿es más grave tener un obstáculo durante el embarazo o no conseguirlo nunca?

Lo que sea que te haya tocado vivir, tienes que entender que ese es tu duelo y es tan importante como el de otro.

Y cuidado aquí con el juego que nos hace la mente-ego, es muy peligroso: recuerda las creencias sociales con las que has crecido y en las que has creído firmemente durante años, míralas ahora desde una perspectiva más amplia.

*A cada uno o una le toca vivir el dolor según su aprendizaje y evolución.*

*Y, para cada una de nosotras y nosotros, nuestro dolor es fuerte e importante, necesario sentirlo.*

*Apreciarlo y aceptarlo será la única forma de entenderlo y superarlo —o integrarlo en nuestra vida—.*

# 9. EL CAMINO SOLO ES UNO Y EL EMBARAZO NO ES EL DESTINO

Capítulo tras capítulo, he tratado los retos y la evolución que ha provocado en mí la no maternidad creyendo que puedes sentirte identificada con algunos de ellos. Yo entendí que debía empezar a mirar las cosas desde una visión más amplia de la que estaba teniendo en ese momento de dolor. Y, ahora, te propongo lo mismo a ti.

No es fácil. No fue fácil para mí.

A veces, parece que tenemos que enfocarnos en conseguir el embarazo y que este debería ser el objetivo o el destino final que nos espera, pero el embarazo no es más que un punto en el camino; la vida seguirá y, un día, puedes tener un bebé en tus brazos. Así que, cuanto mejor te conozcas internamente, mejor podrás vivir tanto el embarazo como la próxima maternidad.

*Debemos entender que convertirnos en madres parte de quiénes somos ahora.*

No te conviertes en una persona distinta de un día para otro —aunque puedo imaginar que serás otra y vivirás muchos cambios no solo externos, sino también internos—.

Me refiero a que tu esencia, lo profundo que hay en ti, seguirá estando. Tu luz estará y tus sombras no reconocidas también seguirán acompañándote. La vida no pasa a ser a todo color porque hayas conseguido cumplir con tu deseo, sigues siendo una persona con tus emociones, pensamientos y creencias que modulan la perspectiva de tu vida. De manera que, cuanto más comprendas y aproveches este espacio que se te está dando para conocerte, un espacio de tiempo que es tuyo y solo tuyo —acompañada de tu pareja en los momentos necesarios—, más conscientemente podrás vivir el siguiente paso del camino.

Lo que quiero decir es que, si no te cuidas emocionalmente o llevas a la consciencia este proceso que te toca vivir, tu mochila inconsciente seguirá creciendo con tu dolor y tus emociones no comprendidas. En el momento de tener a tu hijo o tu hija en brazos, cuanto mayor sea la sanación que has hecho, más fácil será vivir la maternidad y mejor podrás acompañar la vida de la persona que te ha elegido como madre-guía.

No te tomes el embarazo como un nuevo puerto de salida hacia tu vida, sino como una continuidad en tu camino, que, como dice el título, solo es uno.

Sé muy consciente, como hemos hablado hasta ahora, de las decisiones que tomas, del motivo y el lugar desde donde las tomas: forzándolas desde el miedo, buscando aprobación externa, desde las creencias limitantes, la comparativa o la demostración, siempre tendrá peor resultado que si decides desde el amor y la comprensión de tu ser más interno.

Y puede ser que, una vez que tomes la decisión consciente de buscar el embarazo, empieces a pensar en nuevas vías para conseguirlo.

Primero parece que tengas que elegir entre distintas opciones o, según con quien hables, te propondrá soluciones. Palabra –«solución»– que te lleva a pensar que hay algo que debe solucionarse porque es erróneo.

Así que un tema más para tu mochila inconsciente: «Tengo un error para el que debo buscar una solución». Profundizaremos sobre esto en el próximo capítulo, ahora quiero centrarme en la reflexión del camino hacia el que te está llevando todo esto.

No voy a juzgar las vías que estés valorando para ser madre o quedarte embarazada, no es el objetivo del libro y, en realidad, no importa el camino que quieras seguir cuando topas con la no maternidad no elegida. Como comentaba unas líneas atrás, hay muchas opciones y tendrás que tomar la decisión que más se adapte a ti, a la que tú eres:

- Puedes decidir que la vida te traiga un hijo cuando sea el momento arriesgándote a que este no llegue o tarde más de lo que imaginas.
- Puedes usar todos los remedios naturales (o no tan naturales) para fortalecer tu fertilidad o la de tu pareja; buscar los mejores momentos de ovulación y las formas con más eficacia.
- Puedes pedir cita a la clínica de reproducción asistida que más te guste (por el motivo que sea) con tal de que te ayuden con la concepción de este hijo que no llega, esperando que todo salga bien.
- Puedes valorar ser madre adoptiva o de acogida; también puede existir la posibilidad de que un niño o niña esté esperando para llegar a tu familia.

Pero lo más importante es que, hagas lo que hagas y cualquiera que sea la opción que elijas, lo hagas con consciencia y sabiendo el motivo por el que has elegido ese camino.

*¿Es tu decisión o la de otra persona —pareja, padres, hermanos, amigas, sociedad…—?*

*Hazlo porque tú, junto con tu pareja —si es el caso—, así lo deseas y lo decides.*

*No lo hagas porque es lo que necesitas en este momento de tu vida o porque no puedes esperar más y es ahora o nunca. Estos son signos de ansiedad ante el proceso y no demuestran que hayas sanado o que seas consciente de la decisión y de la próxima maternidad.*

*Tampoco lo decidas porque todas tus amigas son madres ni porque, de vez en cuando, alguien, o quizá la sociedad, te recuerda que «tienes una edad».*

*O porque cada vez que te preguntan si tendrás hijos no eres capaz de decir la verdad: no llega, aunque lo intento; sino que se te hace mayor la herida que tienes, ya que todavía no has podido sanarla.*

*La vía rápida no suele ser el mejor remedio para la sanación. En ningún caso.*

Bendice el aprendizaje tan valioso que la vida te está dando para sanar la herida, para ver la oportunidad desde otra perspectiva. No desees un hijo ahora, sí o sí, porque así estaba planeado; desea ser una madre sana para un hijo sano.

En caso de no ser una madre —o padre— sana emocionalmente, le tocará a tu hijo sanar parte de tus procesos para poder vivir los suyos con mayor facilidad; puedes elegir darle hecha una parte del camino.

Quedarte embarazada no es el destino, sino el inicio de un largo camino que os llevará por momentos muy buenos y otros no tan buenos. ¿Estás preparada para ello? ¿Serás una madre consciente? ¿Es tu momento?

No fuerces algo que se te puede girar en tu contra el día de mañana, deja que todo fluya y aparta los ideales por un momento.

*Y, si fuerzas la situación pensando en lo idílico y después tienes que quedarte en reposo los nueve meses, ¿cómo te sentirás? ¿Estás preparada para el proceso? ¿Recriminarás de alguna forma la situación al bebé?*

*El bebé puede sentir estas emociones y tomárselas como propias creando una brecha en la relación entre ambos.*

*¿Y si pierdes el bebé a mitad del embarazo? ¿Estás preparada para hacer frente a eso?*

*¿Y si el niño o niña llega con una patología congénita o algún tipo de discapacidad?, ¿lo rechazarás?*

*¿Estás dispuesta y preparada para acompañar a tu bebé en todo su proceso, sea el que sea el que haya elegido?*

Hazte estas preguntas honestamente para saber si el corazón te dice: «Sí, es el momento y puedo con todo eso». O, por contra —y muy lícito—: «Puede que deba esperar un tiempo para estar bien ante cualquier situación que pueda aparecer».

Soy muy consciente de que la madre que yo hubiera sido cuando empezó todo este proceso no era la misma madre que puedo ser hoy, y esto me hace feliz, ya que podré vivir una maternidad mucho más sana. Todo lo que he vivido y experimentado me permite ofrecer nuevas herramientas y formas a mis hijos, a mi pareja y a mí misma.

Este momento y este obstáculo en el camino no son más que una preparación mayor hacia todo lo que pueda llegar. No tengas prisa.

*Recuerda que todo lo que pasa y lo que no pasa es para tu mayor bien[8].*

No estamos acostumbradas a pensar que lo que no llega es beneficioso para nosotras. Resulta que todo tiene una razón de ser y de no ser, siempre para nuestro bien, aunque desde la mente-ego no lo veamos de igual forma.

---

[8] Referencia al Oráculo de Gaia, de Toni Carmine Salerno (Guy Trédaniel Ediciones): carta de Ganesha, una deidad del panteón hinduista.

# 10. SOLUCIONES PARA UN ERROR DEL S. XXI

Y, retomando este tema que he dejado abierto en el capítulo anterior, haremos referencia de nuevo al capítulo seis: «Tus emociones no son tuyas».

Añadimos a la mochila inconsciente que todavía no sabemos vaciar, o no sabemos que existe, la idea de que tengo un error por solucionar.

Sin verlo, a partir de aquí, se desencadena la cascada de interrelación comentada anteriormente: creencias heredadas o aprendidas, pensamientos, emociones, sentimientos y estados de ánimo que acaban reflejándose en tu comportamiento y en el cuerpo físico, ya que somatizamos eso que inicialmente creemos y pensamos, eso que sentimos de una forma muy profunda, pero que no queremos ver ni reconocer, o eso que no sabemos aceptar.

Por eso, sin saberlo, cargarás con la culpa de un «error que hay que solucionar» tomando ácido fólico o a las puertas de la clínica de reproducción asistida.

Ya lo hemos dicho, la culpa es la primera emoción que debes reconocer y despedir, no debes cargar más con ella, ya que no te pertenece. Y, además, no tienes ningún error que solucionar. No existen soluciones o remedios, sino que hay opciones, decisiones que tomar, aceptación y mucho aprendizaje. Muchos pasos para dar, pero pasos conscientes y llenos de amor para sanar bien la herida.

Estamos viviendo una época en la que los obstáculos en la fertilidad son muy habituales: estrés, el ritmo de vida, las muchas cosas por hacer, cambios en la alimentación, afectaciones hormonales…, todos ellos tienen efectos negativos sobre la fertilidad.

*Pero ¿no crees que hay algo más detrás de todo eso? ¿Puede ser que el mundo nos esté enviando un mensaje para la nueva humanidad?*

No tengo nada en contra de la reproducción asistida o la terapia hormonal. Creo que la ciencia —me he dedicado muchos años a ella— ha hecho grandes avances, pero también creo que debemos saber aprovechar adecuadamente los recursos y tratamientos médicos y usarlos cuando es realmente necesario u oportuno para obtener el mejor resultado. Esto significa que debemos estar preparadas para hacerlo, ya que no siempre lo estamos internamente. No todo es para todo el mundo ni en cualquier momento.

La popularización y democratización de este tipo de tratamientos y la mejora del poder adquisitivo de gran parte de la población han hecho que lleguen a más personas. Por eso creo que el grado de consciencia para empezar dicho tratamiento debe ser de gran importancia: estamos jugando con la futura vida de un bebé, de una persona. Y no solo con la suya, sino también con la tuya y la de tu pareja. Si la vida te dice no, a veces es solamente un «espera», de manera que todo salga bien y en el mejor momento para ti y los tuyos.

La reproducción asistida es ideal cuando se requiere la ayuda y cuando estás emocionalmente preparada para hacer frente a esta situación: puedes tener una carga ovárica casi nula o que el esperma de tu pareja sea de baja calidad. Evidentemente, este libro también es para ti y deseo que te esté ayudando si estás en esta situación. Solo te pido que estés preparada para el proceso.

*Como ya hemos dicho a lo largo del libro, lo más importante es tomar la decisión de manera consciente y sabiendo para qué sigues los pasos que estás dando.*

Así que, igualmente, te diría: hazlo habiendo integrado el mensaje que te aporta la no maternidad, habiéndote perdonado si tienes sentimientos de culpa y tomando la decisión desde el amor.

Tanto si vas a una clínica como si esperas paciente y esperanzada a que la vida te diga sí, hazlo sabiendo el motivo por el que lo haces, *el motivo por el que quieres tener hijos.*

# 11. AGRADECIMIENTO PARA EL FUTURO

Siempre me ha atraído la expresión «bendiciones disfrazadas», que he conocido y entendido profundamente estudiando sobre espiritualidad y astrología y que he tenido que poner en práctica con la no maternidad.

Y es que hay muchas cosas en la vida que, de entrada, vemos como obstáculos o adversidades, pero, en realidad, son bendiciones.

Es verdad que, en el momento, no es fácil de aceptar. Nuestra mente-ego no se lo puede permitir y reacciona con un «¡Yo no había planeado esto!», «¿Por qué a mí?», «Mi deseo es otro»…, siempre desde el victimismo. El ego nos hace sentir víctimas para asegurarse de que sigue teniendo el control de la situación.

Pero la realidad puede ser otra si te permites verla desde una perspectiva distinta y si entiendes que, en el fondo, todo lo que pasa es para tu mayor bien y el de los tuyos —incluido tu hijo, que todavía no ha llegado a esta vida terrenal—.

Todo es perfecto tal y como sucede.

Y, si vives basándote en esta máxima, tu ser pasa a tener una confianza incondicional en la vida y en las leyes del universo sabiendo que por algún motivo estás en esta situación. De esta forma, es como si el ego y la mente dejaran de controlar.

El ser gana la batalla, como si *fuerzas superiores* nos estuvieran guiando hacia el mejor camino para que este bebé llegue cuándo y cómo tenga que llegar.

Y lo más curioso es que, en ese momento, cuando vives desde el ser, el control ya no es lo que te importa, sino que aceptas y entiendes la vida como lo que es: un milagro.

Por eso el título «Agradecimiento para el futuro», ya que, cuando vives desde la aceptación, todo se transforma en gratitud tarde o temprano. Ahora no lo ves, pero puede que llegue un día en el que agradezcas la espera que se te ha pedido.

Si todavía no somos capaces de agradecer una situación que no vemos como positiva en el momento presente, deberemos usar el término «gratitud en potencia», que explica muy bien el autor Borja Vilaseca en su libro *Las casualidades no existen*[9]. Con esta idea, podemos ser capaces de creer que, en el futuro, convertiremos la sensación de amargura o decepción en sensaciones de paz y gratitud. Solamente esto debería ayudarnos a vivir el proceso presente desde la calma, la esperanza y el amor.

*Intenta tomarte de esta forma algún obstáculo de tu vida. Si estás lista, puedes hacerlo con la no maternidad, fantástico; pero, si todavía es pronto, prueba con algo más sencillo.*

*Por ejemplo: has perdido el bus por la mañana para ir al trabajo, ¿qué pasaría si lo vieras desde la mirada de la que te estoy hablando? ¡Gratitud en potencia!*

---

[9] Alusión de este libro en capítulo seis —nota pie de página n.º 5—.

*A lo mejor te has beneficiado o beneficiarás de algo a cambio de perder ese bus… Así, todo toma otro sentido.*

*Y recuerda que la culpabilidad que puedas sentir por haber perdido el bus es una reacción del ego, no te la tomes como tuya. Si te reconoces en ella, elimina ese sentimiento de tu interior.*

A mí me ha sido posible encontrar la paz aun con todo esto que me ha tocado vivir. No voy a hablar de felicidad, ya que esta es totalmente fugaz y hay etapas en las que se esfuma de alguna forma. Recordemos que la felicidad es una emoción, lo que la convierte en una invención del ego: el ego, la mente, sus pensamientos y sus emociones no son nuestros, no te confundas con ellos.

Por eso yo te diría que, en lugar de buscar vivir plenamente feliz, busques vivir en paz y plenitud interior.

*La paz interna es la que te permitirá tener pensamientos distintos y positivos y la que te facilitará nuevas perspectivas.*

*La plenitud servirá para agradecer tanto obstáculos como adversidades.*

*Y, gracias a ellas, pasarás a usar la expresión bendiciones disfrazadas con convencimiento y esperanza de que la vida es tal y como tiene que ser; y siempre siempre es mágica.*

# 12. UN VIAJE HOLÍSTICO

Sé valiente.

Lleva este proceso a una perspectiva global y más amplia de lo que estás acostumbrada a mirar.

Deja el tema sobre la mesa y actúa como un pájaro, vuela lejos y mira más allá. No lo hagas desde la mente. Dentro de ella, están todas esas creencias que nos confunden, dogmas de la sociedad que te han llevado donde estás hoy: perdida y tratando de huir de la no maternidad.

Hazlo con el corazón en la mano, desde tu esencia.

*Cierra tus ojos por unos minutos, escucha esa voz que te susurra desde el fondo de tu corazón.*

*Puedes poner tus manos en este punto.*

*Respira.*

*Concéntrate en la respiración, como si meditaras. Y vete lejos.*

*Obsérvate.*

*Mira tu vida y la situación que estás viviendo como un espectador de cine o como un pájaro en pleno vuelo.*

*Déjate llevar por tus verdaderos sentimientos, no por las emociones que no te pertenecen.*

*Puedes quedarte allí el tiempo que necesites.*

Cuando vuelvas a ti y te conozcas un poco más, después de este ejercicio, puedes seguir con la siguiente parte del libro.

Es en este punto, aunque no lo veas todavía, donde se inicia el verdadero *viaje holístico de la no maternidad*. A partir de aquí es donde puedes convertirte en maestra de tu propia vida y conocer cuál es el camino a seguir.

# PARTE III

# Creciendo Hacia La Luz

# 13. RECONOCE DÓNDE ESTÁ TU BLOQUEO: UN MENSAJE POR DESCUBRIR

Llegadas a este punto, es probable que podamos empezar a desgranar, capa a capa, nuestras sombras, que, muy adentro, guardan un bloqueo. Lo mantienen escondido para que no aparezca fácilmente.

Solo con esfuerzo, intención y amor podremos encontrarlo, descubrirlo y transformarlo.

Los bloqueos y las sombras, con consciencia y amor, se pueden transformar en luz. Y, con luz, podremos ser guiadas a lo largo del camino.

*Los bloqueos son miedos internos.*

Miedos relacionados con las pérdidas y la desesperanza; miedos que nacen de la soledad, el desamor o la falta de merecimiento.

Tal y como hemos estado hablando a lo largo de las partes uno y dos de este libro, la clave para descubrir nuestras sombras se basa en entender de dónde nacen nuestras creencias y sentimientos, entendernos a nosotras mismas y nuestra forma de pensar, resignificar los distintos pasos que damos en nuestra vida y generar nuevas formas de actuar coherentes con quienes somos.

Al descubrir nuestras sombras, podremos darles luz y amor. Amor que siempre debe empezar por nosotras mismas para, después, compartirlo con nuestro entorno y, finalmente, poder dedicarlo a este ser que llegará encarnado a nuestros brazos.

Hay una larga lista de miedos que propongo que evalúes para saber si están presentes dentro de ti:

- *miedo a perder algo*
- *miedo a no saber hacerlo*
- *miedo a no ganar*
- *o miedo a ganar (a veces, nos dan miedo la abundancia y el amor que nos esperan)*
- *miedo a no merecer*
- *miedo a ser culpable*
- *miedo a descubrir nuevas partes de mí*
- *miedo a lo nuevo*
- *miedo a algo bonito*
- *miedo al miedo*
- *miedo porque lo dice mi mente*
- *miedo a escuchar mi corazón*
- *miedo a sentir*
- *miedo a la esperanza*
- *miedo a la ilusión*
- *miedo a ser lo que he venido a ser*
- *miedo a lo fácil*
- *miedo a lo difícil*
- *miedo al amor*
- *miedo a la soledad*
- *miedo al abandono*
- *miedo al descontrol*
- *miedo a experimentar*

- *miedo a romper las creencias que he aprendido y que siempre he creído verdaderas y protectoras*
- *miedo al cambio*
- *miedo a conocerme de verdad*
- *miedo a no sentirme protegida*
- *miedo al error y a la equivocación (estos solo existen en la mente; en realidad, todo es parte del reto de aprender)*
- *miedo a los retos*
- *miedo al compromiso*
- *miedo a la libertad*
- *miedo a la muerte*
- *o miedo a la vida*

Quizás ahora, con más claridad sobre todos los conceptos que hemos tratado a lo largo del libro, sea posible para ti descubrir tu miedo y tu bloqueo.

No solo existe un miedo, puedes reconocerte en varios de ellos: algunos, más claros y superficiales; otros, más profundos. Todos están disponibles para poder convertirlos en algo mejor, algún talento beneficioso para ti y para tu entorno.

Y, recuerda, no hay errores ni equivocaciones, todos son pulsos del camino que nos llevan al crecimiento. A veces, eso que nos da miedo es eso que más deseamos.

Aunque te asuste cometer un error, aunque tengas *miedo al miedo*, sé valiente y sigue adelante superándolo y acercándote a eso que deseas de corazón, a eso que has venido a vivir.

¿Empiezas a descubrir dónde puede estar tu bloqueo?

# 14. ¿QUÉ TIPO DE MADRE —O PADRE— NECESITAN TUS HIJOS?

Y, una vez más, la maternidad —o paternidad— no va de ti. No es tu deseo de ser madre o de experimentar lo que importa ahora.

Ser madre o padre va de tu hijo, de su vida, de su propósito y su evolución; de sus ganas de llegar a la tierra y encarnar de nuevo, de seguir su proceso de crecimiento y transformación como alma —como todos los que estamos aquí—. Y todo esto también depende de sus contratos anímicos, tal y como se explicó en capítulos anteriores.

Es por eso que no puedes poner tu deseo por delante del deseo de la persona que está por llegar.

Es posible que tu hijo o hija no te necesite tal y como eres hoy, donde estás ahora o con los objetivos que estás tratando de alcanzar.

A veces es interesante creer en un plan superior, un plan que el Universo tiene para nosotros. Un plan que, con la colaboración de tu futuro hijo, te está llevando a hacer cambios en tu vida. Cambios que te darán la oportunidad de ser diferente y hacer las cosas de distinta manera, pudiendo vivir la vida de forma más plena. El objetivo de estos cambios está pensado para que puedas entregarte de una forma más adecuada a lo que busca esa pequeña alma que quiere llegar a tus brazos.

Ten en cuenta esto y sigue la guía que marcan tu alma y tu corazón, ellos saben más de lo que sabemos de nosotras mismas cuando nuestras ideas están ancladas en la mente.

*El hijo que esperas y deseas, acabe llegando o no, te está guiando y ya te está modificando sin que haya llegado todavía a ti.*

*Te está llevando por el camino que quieren y necesitan vuestras almas.*

*Te está ayudando a crear el viaje hacia una vida más plena para él y para ti.*

Y, si, con el tiempo, acabas siendo madre —en cualquiera de sus posibles formas—, ya no serás la misma madre que hubieras sido cuando empezaste a buscar a tu hijo y, quizás, tampoco serás la misma madre después de leer este libro.

De hecho, fíjate que solo el deseo de ser madre y no conseguirlo ya te ha cambiado.

El alma de tu hijo, que quizás llegará más tarde de lo que creías, es parte de este gran plan. El plan que el Universo tiene preparado para cada uno de nosotros y del que todos y todas formamos parte.

De esta forma, tu hijo o hija tendrá la madre o padre que necesita.

Igualmente, no olvides que dentro de este plan superior se encuentran todos los obstáculos y eventos que vayan a suceder durante el propio embarazo o en el parto —que será el que toque, no el que imaginas y deseas: elimina las expectativas— y durante la misma maternidad.

No quieras controlar nada más, deja que fluya la vida como tenga que ser y que te transforme a su paso.

La vida te está llevando por otro camino, a un nuevo entendimiento antes de ser madre; acéptalo.

*Háblale al alma de tu hijo o hija y pídele que te guíe por el camino que tienes que seguir para que pueda llegar a tu lado.*

*Ten en cuenta que, a veces, ese nuevo camino que se te está pidiendo te llevará a renunciar a cosas de tu vida actual. Puedes hacerlo o no.*

*La decisión está en tus manos.*

*A veces, solo se trata de elegir.*

# 15. ADIÓS, VICTIMISMO

Es fácil caer en él.

Es fácil ser víctima del propio ego y del sistema.

El sistema de creencias nos pone, de entrada, a la defensiva y por eso nos hacemos las víctimas. Todos tenemos derecho a ser víctimas de nuestros problemas, pero ¿es saludable y adecuado para ti? ¿O el victimismo es solo un juego del ego?

Vivir en el victimismo te sitúa a vivir en la tristeza y el miedo continuos, a no hacer frente por ti misma a los retos y problemas de la vida.

Y, además, te posiciona en la dependencia, ya que, para ser víctima, necesitas de alguien que te consuele o alguien que te salve de manera continuada de tu victimismo —o del motivo que te ha llevado donde estás—.

Pero resulta que también necesitas a alguien que te hiera y te obligue a sentirte víctima. Así que buscarás un verdugo inconsciente, en otros o en ti misma. Y créeme si te digo que, muchas veces, ese alguien eres tú.

De esta manera, te quedas atascada en el «problema» sin buscar ninguna solución a tu situación emocional, y el pozo es cada vez más hondo y más negro.

El victimismo te convierte en débil.

No quiero que confundamos la *debilidad* con la *fragilidad*, ya que, en esta situación, la fragilidad se convierte en necesaria. Debemos aceptar que esta es una condición inherente a nosotros como humanos y, por este motivo, no deberíamos esconderla.

A lo largo de todo este proceso, es bonito y casi imprescindible permitirte ser frágil y mostrar la fragilidad de la situación cuando así lo sientas. Verás que puedes sentirte mejor si lo haces. Te lo recomiendo, no te escondas en una coraza que te hace cada vez más daño.

La debilidad, por contra, reduce el potencial que tienes para superarte y para empoderarte como persona —y como mujer, en este caso—.

Deja el victimismo a un lado y transfórmalo en aceptación para poder ver la vida con más luz y alegría. Descubre que la vida que tienes es maravillosa y está llena de cosas preciosas que, como víctima, eres incapaz de disfrutar.

*Empodérate como mujer y como futura no madre para poder ser tú misma, en esencia; y deja espacio a lo que tenga que llegar, sin necesitarlo, reclamarlo o buscarlo ansiosamente.*

*No te empoderes como futura madre, ya que esto te mantendría anclada en la esperanza y la dependencia del deseo de un hijo.*

*Un deseo que, precisamente, por sí mismo, puede impedirte seguir avanzando.*

La vida puede ser muy larga y, si decides vivirla desde la frustración o el victimismo de un deseo no cumplido, puede ser muy dura. Además, te perderías algo muy bonito: aquello que la vida sí tiene para ti.

Tu vida tiene muchas más alegrías y oportunidades, como hemos visto a lo largo del libro.

¿Estás dispuesta a perderte tu propia vida?

# 16. LO QUE LA NO MATERNIDAD ME ENSEÑÓ

En la no maternidad no elegida, he encontrado una etapa de mi vida en la que he podido descubrirme y descubrir nuevas formas en mi interior; ahora es el momento de que tú también puedas descubrirte gracias a este obstáculo en tu camino.

Así que te invito a reflexionar sobre lo que sí te ha traído la no maternidad.

Por el momento, no te ha traído un hijo, aunque es probable que te haya traído muchas otras cosas que son tan importantes para tu vida como el hijo o la hija que deseas.

Por un lado, porque estas ya las tienes, son tuyas, y debes aprovecharlas para crecer y ser feliz y, si han llegado a ti, será por algún motivo.

Y, por el otro lado, porque es probable que, con el ejercicio de agradecer lo que tienes, puedas agradecer, poco a poco, lo que todavía no tienes. E, incluso, esto pueda convertirte en mejor madre el día de mañana.

También puede ser que acabes aceptando o decidiendo por voluntad propia no ser madre si has encontrado otras partes fantásticas de tu vida de las que disfrutar, distintas a la maternidad.

Lo que sea, siempre que sea desde el amor y no del ego.

A continuación, te dejo la reflexión sobre todo lo que la no maternidad me ha enseñado a mí y cómo me ha permitido descubrirme como una nueva yo que tenía escondida.

*Lo que la no maternidad me enseñó fue a convertirme en mejor persona, mejor mujer, mejor hermana, mejor hija, mejor amiga y, sobre todo, mejor futura madre –o no madre–.*

*Me enseñó a descubrir el amor de otra manera.*

*A sentir tristeza cuando hizo falta, pero sin que esta fuera la tónica de mi vida.*

*A permitirme la frustración solo de vez en cuando. Sabiendo que después volvería a levantarme.*

*A que las lágrimas de dolor son más poderosas que nunca, ya que sentirlas plenamente me lleva a la transformación.*

*A que cada una de esas lágrimas es una parte de mí que dejo ir, porque es una parte de mí que ya no puede acompañarme.*

*He aprendido que el dolor es necesario, y el sufrimiento, opcional. Que lo emocional puede doler tanto como lo físico.*

*He aprendido a no sufrir, ya que la vida es algo más grande que lo que me está pasando en este momento.*

*He aprendido a compartirme con mi fragilidad. A dejar la mente a un lado y a sostener la vida que me espera –aunque no es la que había imaginado–.*

*La no maternidad me enseñó a valorar más lo que tengo en lugar de centrarme en lo que no llega.*

*He aprendido a vivir el momento presente y a no planificar un futuro que no sé cómo va a llegar –y estoy segura de que será diferente a como se creó en mi mente–.*

*He aprendido a dejar de controlar. ¿Te das cuenta de todo lo que controlas y lo que querrías controlar, pero no puedes?*

*He aprendido que los deseos de la mente no tienen nada que ver con los del corazón —o con los del alma—, y menos con los de otro ser.*

*Y que el ego-mente y los mandatos familiares o sociales, a veces, nos hacen desear y hacer cosas cuando no es el momento —o que, en realidad, no queremos—.*

*He aprendido a aceptar que el momento solo llega cuando tiene que llegar y que saber esto te hace libre.*

*Y he aprendido que la libertad te aporta felicidad.*

*He aprendido a sentirme preparada ante los retos que me depara la vida, honrarlos y valorarlos.*

*A desear un hijo de otra forma: más fuerte, más valiente, más bonita y menos egoísta, sabiendo que es posible que no lo pueda disfrutar.*

*He aprendido a querer más y mejor a las personas que me rodean.*

*A esperar la vida con los brazos abiertos, con alegría, paz y plenitud.*

*A sentirme completa, aunque falten piezas para acabar el puzle —ya llegarán—.*

*He aprendido a esperar de manera paciente y tolerante; pero también he aprendido de límites sanos.*

*La no maternidad me enseñó cosas nuevas de mí misma. Ahora me conozco más y, de esta forma, puedo saber lo que quiero y lo que no quiero.*

*He aprendido a quererme y a creer en mí.*

*A valorar mi poder interior, que disfruto como persona y como mujer.*

*La no maternidad me enseñó a creer en la magia de la vida y en desearla tal y como ella decide llegar.*

# Ahora te toca a ti:

## ¿qué te ha enseñado la no maternidad?

Regálate un espacio de tiempo para sentirlo y escribirlo.

_____

_____

_____

_____

_____

_____

_____

_____

_____

_____

_____

_____

_____

_____

_____

Sigue adelante y agradece tu vida como si tu hijo
o tu hija ya estuviera en tus brazos.

Acabas de ver que tienes grandes y valiosas cosas
a tu alrededor para vivir agradecida y plena.

# 17. COMPLETAMENTE VACÍA

Hemos hablado de amor y aceptación a lo largo de todas estas páginas y creo profundamente que, en la comprensión de estas palabras, está gran parte de la salvación; pero sé que no te engaño cuando confieso que llegar hasta aquí trata, también, de sostener con las propias manos el vacío que nos deja la dificultad para quedarnos embarazadas.

Estoy segura de que todas tenemos una red, más o menos amplia, que nos apoya y nos acompaña en todo el camino, pero ese vacío solo tú misma lo puedes acariciar.

Sé que eso es de valientes y tú, sin duda, lo eres.

Por eso, finalmente, te recomiendo que, con tal de que puedas llenarte de cosas nuevas y bonitas en esta vida, primero te vacíes completamente. Vaciarte completamente te pide fuerza, valentía y voluntad para entrar en ese vacío que solamente tú sientes dentro como si fuera real.

Vaciarte de todo lo que tienes que soltar y de aquello que ya no debe acompañarte más.

Solo así dejas espacio a lo que pueda llegar para ti.

Solo así podrás sentirte renovada y ser más tú, dejando ir lo que te limita para abrirte al amor y a las nuevas oportunidades que la vida tiene guardadas para ti.

Pero esos regalos, esas nuevas oportunidades, solo son aptas para las valientes que han sabido llegar hasta aquí y han podido entender y amar el vacío.

Vacíate.

Vacíate de deseos, planes, ideas y emociones.

De esperanza y también de miedos.

Vacía tu cuerpo y tu mente.

Quédate completamente vacía.

Elimina expectativas y objetivos.

Vacíate de sombras y bloqueos.

También de posibles oportunidades.

Vacíate y no esperes nada a cambio, deja ir toda posibilidad.

Vacíate para dejar espacio.

Deja espacio al amor y a la luz

y llena tu cuerpo de fe innata e incondicional.

Deja espacio para cualquier cosa que pueda llegar,

pero no esperes ninguna.

Vacíate para poder llenarte de nuevo.

Nada llega a nosotras
si no estamos preparadas para recibirlo.

# BIBLIOGRAFÍA RECOMENDADA

*Inteligencia planetaria,* de Eugenio Carutti (Editorial Kier España S.L.; 1.ª edición, 2020).

*La vida antes de nacer,* del Dr. José Luis Cabouli (Ediciones Continente; 6.ª edición).

*Muchas vidas, muchos maestros,* de Brian Weiss (Penguin Random House Grupo Editorial, 2005).

*Mujeres de luz,* de Rebecca Campbell (Editorial Sirio, 2015).

*Sanando las relaciones de pareja,* de Pablo Flores Laymuns (Gaia; 1.ª edición, 2019).

*Sincrodestino,* de Deepak Chopra (DeBolsillo, 2016).

# AGRADECIMIENTOS

*Agradezco a mi familia y amigos cercanos por haber entendido la labor que estaba realizando con la escritura de este libro, así como el apoyo moral y emocional que siempre he obtenido de ellos y ellas.*

*Agradezco a mi madre por implicarse tanto. El apoyo lleno de amor ha sido un verdadero regalo. Gracias por todas las lecturas y correcciones que has realizado desde el primer manuscrito.*

*Agradezco a la vida que diera la oportunidad a mi abuelo materno y a mi madre de colaborar con una editorial en Barcelona hace más de cincuenta años; esa experiencia ha permitido que la de hoy sea más llevadera.*

*Agradezco a Anna el tiempo, la ilusión y el cariño dedicados en todas y cada una de las ilustraciones trabajadas desde el corazón.*

*Agradezco al equipo de Círculo Rojo por haber creído en mi obra desde el primer día y por toda la ayuda prestada a lo largo de este hermoso proceso.*